민들레
정거장

도서출판 하영인 HaYoungIn

민들레 정거장

서문

처음에는 그저 내 머릿속에 복잡하게도 얽혀있는 생각들을 정리하고자 써 내려갔던 단어들이다. 단어 몇 자에 살을 붙이자 몸집을 키우더니 시가 되었다. 살아가다 문득문득 떠오르는 이 세상을 향한 나만의 정의(definition)를 흰 도화지에 적어 내려갔다. 단어를 조합하는 것에 재미를 붙이고 계속해서 글을 써 내려가다 보니 "나"라는 주체성을 상실한 채 사회에 수동적으로 살아가는 모습 속에서 벗어나, "나"라는 사람의 생각과 감정을 표현해 보고 싶다는 생각이 들었다.

내가 쓴 글들이 누군가의 감정을 위로하고 기쁘게 하는 것을 보며 보람을 느꼈고 그것은 글을 쓰게 하는 원동력이 되었다. 글은 어떤 날은 내 안에 요동치는 감정을 넘실거리는 파도로 표현하게 하고 어떤 날은 더 이상 나아가지 못하는 나에게 스스로 위로를 건네기도 했다. 글이라는 것이 사람의 마음에 가닿아 어떤 요동을 줄 수 있는 걸 실감하게 되었다.

내 글을 읽는 사람은 혼자가 아니라는 느낌을 받았으면 좋겠다. 단 한 문장이라도 마음에 울림을 줄 수 있었으면 좋겠다.

가슴속에 한 단어, 한 문장을 넣고 세상을 살아가기 시작할 때 비로소 세상을 살아내는 것이 아닌 살아간다고 표현할 수 있을 것이다. 그리고 그 세상을 능동적으로 살아가는 첫걸음에 내 글이 도움을 주었으면 하는 바람이다.

● 추천사

어느 날 시집을 낸다는 말에 기쁜 마음이 앞서 추천사를 부탁하기에 주저 없이 '그러마' 해버리고 말았다. 무슨 자신감이었을까.

하준이와의 인연은 삼 년째에 접어들고 있다. 내가 기억하는 하준이는 환하게 웃는 모습이 예쁘고, 사람을 향한 진심이 따뜻한, 하지만 순수한 만큼 상처도 커서 오래 아파하는 모습이 애잔한 그런 소년이다. 그리고 그런 날을 보낸 후엔 늘 시를 써서 보여주곤 했다. '어때요?'라며.

전해 준 시집을 열어 글자를 따라가는 동안 수많은 시간들과 생각들이 스크린처럼 펼쳐졌다. 작품 하나하나가 나의 기억들을 환기하며 공명하는 걸 느끼는 순간 '스승'이란 두 글자를 다시 생각하게 되었다. 지난 이 년간 난 이 아이에게 한순간이라도 감동을 느끼고 인생에 대해 생각하게 한 적이 있었을까.

표지에 박힌 『민들레 정거장』이라는 제목이 넘치지도 부족하지도 않아 마음에 든다. 이 시를 만나는 모든 사람들이

'청춘'의 한 구절처럼 부서질수록 아름다워지는 다이아몬드이길 바라면서도 조금만 아파하길 기도해 본다.

하상욱 시인의 시가 가진 위트와 여운, 류시화 시인의 시가 담고 있는 상처 입은 영혼의 울림을 사랑하는 사람들에게 이 시집을 추천한다.

김아영(포항 중앙고등학교 국어교사)

추천사

2023년 3월에 처음 만난 하준이는 다소 긴장한 모습이 역력하였으나 호기심 가득해 보이는 소년이었습니다. 어느덧 고 3이 되어 자신의 이름으로 된 시집을 당당히 세상에 내놓게 되었다고 하니, 누구보다 가까이에서 지켜봐 온 교사로서 무엇이라 형용할 수 없을 만큼 자랑스럽고 감개무량합니다.

누구나 그렇듯 특별할 것 없이 평범한 하루하루를 살아가는 우리들의 일상은 유사하거나 동일한 일들이 반복되는 것에서 비롯되는 싫증과 무료함이 존재합니다. 그 싫증과 무료함마저도 다시 일상화되면서 무감각해짐에 따라 금세 희미해져가는 과정의 연속으로 점철되어 있을 것입니다. 허울 좋은 현대 사회를 살아가는 사람들의 면면을 들여다보면 맹목적 노력에 빠지거나 삶의 의미를 상실한 피폐함으로 가득 찼다고 해도 과언이 아닐 것입니다.

심리상담사를 꿈꾸는 어느 소년의 번뜩이는 아이디어에서 비롯하여 비망록에서 출발했을 『민들레 정거장』은 짤막하지만 강렬한 인상과 여운을 남기는 글로 구성된 100편의 시(詩)들로 우리의 삶과 일상 속의 실존이라는 거대한 퍼즐을 완성하기에 이르렀습니다.

'그냥 보면 벽, 힘껏 밀면 문'이라는 급훈 및 교육철학을 가장 먼저 몸소 실천한 무궁무진한 잠재력을 지닌 문학 소년이 미래에 대한 뚜렷한 청사진을 그려가는 듯해 저의 제자라는 게 참으로 뿌듯하고 자랑스럽습니다.

흔하디흔한 사소한 일상 속 소재를 제재로 삼은 한 편의 시로 우리에게 이야기를 들려주어 우리들의 지친 마음을 어루만지는 소년, 그 소년의 눈으로 관조하는 세상을 엿보다 보면 어느샌가 읽는 이들로 하여금 심금을 울리고 깊은 공감을 자아낼 것입니다. 『민들레 정거장』을 통해 내면의 뜰을 풍성하게 가꾸는 계기가 되시길 바랍니다. 김하준 군의 『민들레 정거장』 출간을 진심으로 축하합니다!

김태현(포항 중앙고등학교 윤리교사)

너가 내 봄인가 보다

Summer / 18

일반화의 오류 / 19

일반화의 오류 #2 / 20

젊음 / 21

성선설 / 22

Winter / 23

Momen / 24

담아내다 / 25

마음의 계절 / 26

인연 / 27

첫사랑 / 28

날 얼마나 사랑해? / 29

낭만 / 30

Spring / 31

이상형 / 32

무의미의 의미 / 33

Autumn / 34

이진법 / 35

사랑니 / 36

황혼 / 37

기적의 연속 / 38

띄어쓰기 / 39

환상 / 40

널 사랑하는 이유 / 41

안개꽃 / 42

8월의 첫눈 / 43

사랑의 순서 / 44

유니콘 / 45

한도초과 / 46

우리가 다시 친구가 된 날

Tempus fugit, amor manet
: 시간은 흘러도 사랑은 남는다 / 48

오해 / 49

잔상 / 50

그날 / 51

망각 / 52

1인칭 주인공 시점 / 53

후회 / 54

사람, 상황 그리고 사랑 / 55

미련 / 56

수채화 / 57

추억 / 58

자서전 / 59

졸업 / 60

맹인 / 61

자아분열 / 62

전지적 작가 시점 / 63

퇴폐적 낭만주의 / 64

어리석은 난 아직 사랑에

탓 / 66

무한과 유한의 열등 / 67

나비효과 / 68

펜데믹 : 사랑 / 69

검은 도화지 / 70

정 / 71

세잎 클로버 / 72

바닷물 / 73

불량식품 : 사랑 / 74

애증 / 74

망상 / 76

딜레마 / 77

딜레마 #2 / 78

개나리 / 79

충치 / 80

허상 / 81

당신의 오늘 밤은 안녕하셨습니까?

청춘 / 84

의미 / 85

민들레 / 86

헛된 기대 / 87

가족사진 / 88

새벽 / 89

자괴 / 90

미움 받을 용기 / 91

관계 / 92

관계 #2 / 93

가면 / 94

영원 / 95

가로등의 고백 / 96

지구 온난화 / 97

외로움 / 98

불면증 / 99

인간중독 / 100

어른 / 101

비극 / 102

양심 / 103

인간실격 / 104

그렇기에 아름다운 것

달의 뒷면 / 106

소원 / 107

삶 / 108

시간 / 109

꿈 / 110

그림자 / 111

선택 / 112

홀씨 / 114

위로 / 115

그리움 / 116

청춘찬가 / 117

행복했는가? 그럼 되었다 / 118

대명사 / 119

사람 / 120

부드러움이 강함을 이긴다 / 121

활공 / 122

민들레 정거장 / 123

너가 내 봄인가 보다

Summer

모든 것을 녹여버릴 것만 같은
뜨거운 열기의 여름을 사랑하는 이유는
어쩌면 우리 청춘의 까맣게 그을린 기억이
시간이 갈수록 푸르게 변함을 믿기에 그런 건지도
모르겠다

일반화의 오류

세상 모든 것들은 저마다 이유가 있다는데
널 사랑하는 데는 이유가 없어서
내 사랑은 존재부터 특별하다

일반화의 오류 #2

누군가를 정말로 사랑한다면
그 사람을 포기할 수 있다고 그러던데
난 너를 절대 포기할 수 없을 것만 같아
내 사랑은 진실 되지 않은 것인가 수없이 되물었지만
결국
난 그들보다 더 간절하게 사랑하고 있다고 결론지었다

젊음

한여름을 너와 나로 부족함 없이 채웠고
그 여름의 열기는 우리를 달구기에 충분했다

성선설

'사람은 태어날 때부터 선합니까'
라는 질문에
난 당신을 보며 답을 내렸습니다

Winter

하늘에서 덜어지는 순백의 것이
너를 닮아 겨울을 사랑했다
아무것도 채워지지 않은 흰 도화지를
우리의 발자국으로 남김없이 채웠고
사랑이라는 감정을 서로의
마음 앞에 살며시 놓아두었다

Moment

굳이가
당연히로 바뀌는 순간

＝

물음표가
느낌표로 바뀌는 순간

＝

사랑이 시작되는 순간

담아내다

사랑이라는 말로 널 담아낼 수 없어
너라는 말로 사랑을 담아내기로 했다

마음의 계절

숨을 뱉으면 하얀 바람이 불어오던 날 너와 함께 걸었다
네가 조용히 내 주머니에 손을 넣어 내 손을 잡았다
차가웠다
마음에는 벚꽃이 피었다

인연

우연히 너를 만나
은연중에 네게 스며들었고
나 혼자로만 채워졌던 이야기가
이제는 너의 향기로 은은하게 물들어간다

첫사랑

무엇인지는 확실히 모르나
누구인지는 정확히 아는 것

날 얼마나 사랑해?

네가 봄의 절정인
벚꽃 잎을 잡고 행복해하는 것만큼

네가 여름의 푸른 바다를
보고 싶어 하는 것만큼

네가 가을의 단풍잎 떨어지는
새벽거리를 걷고 싶어 하는 것만큼

네가 겨울의 눈을 맞으며
붕어빵을 먹고 싶어 하는 것만큼

네 모든 순간의 행복이 무엇인지 다 알고 있을 만큼

낭만

밤마저 푸른 여름밤에 비가 내린다
서로를 보자마자 약속이라도 한 듯 우산을 접었다
아무도 없는 고요한 밤길을 함께 뛰어다녔다
모든 순간이 너와 나로만 온전히 가득 찰수록

신발은 비에 젖어갔다

우리는 사랑에 젖어갔다

Spring

계절은 순환한다는 것을 알면서도
겨울에 갇혀 보잘것없는 나의 마음에
너가 찾아온 날

내 마음에 수북이 쌓인 눈이 녹아갔다

너가 내 봄인가 보다

이상형

네가 완벽한 내 이상형인 건지
네가 완벽히 내 이상형이 되어버린 건지

난 이상형을 적어보라는 말에
너의 특징을 나열하고 있다

무의미의 의미

날 바라봐주지 않는 널
난 오늘도 어김없이 바라보고 있다
무의미했다
네가 웃는 것을 보았다
무의미의 의미를 깨달았다

Autumn

너만으로 가득해지고 싶은 나는
가을바람에 물들어가는 저 여름의 잎들이
왜 이리도 부러운지 모르겠다

이진법

그 방대한 산업혁명의 산물도
0과 1로만 이루어져 있으나
세상 모든 것 나타내는 데 부족함 없으니

나라고 내 삶을
너의 미소와 그걸 보는 나의 웃음만으로
온전히 정의하지 못할 이유 있겠는가

사랑니

언제부턴가 나의 안에서 자라나던 너
숨죽이고 숨어있다 몸집을 키우고는 나타났다
너를 안고 있는 고통이 너무나 크지만
동시에 너를 절대 잃고 싶지 않았기에

첫사랑이었다

황혼

저 지평선 뒤로 넘어가는 태양이
하루의 마지막 빛을 우리에게 비춰준다

맞잡은 손은 서로의 온기로 달궈지며
우리의 얼굴은 서서히 홍조를 띠는

이 순간은 공기의 흐름마저 은은한 붉은색

기적의 연속

이 세상 수많은 사람들 중
당신과 내가 이번 생에 만나 사랑한 것도 기적인데
다음 생에 다시 만나 또다시 서로 사랑하는 기적이
일어나지 않으리란 법 있겠습니까?

할아버지는 눈을 감으며
울고 있는 할머니에게 말했다

띄어쓰기

너와 나 사이에 그 거대한 간극을 좁히기 위해
우리를 만들어내기까지

환상

모든 것이 유한한 우리의 삶에서
잠깐의 무한한 사랑을 맛보니
그 잊을 수 없는 쾌락에 눈이 멀어버렸다

널 사랑하는 이유

화려함보다는 수수함이 좋아서
눈부신 해보다
어두운 시골길의 유일한 버팀목인
가로등을 좋아하고

강렬함보다는 편안함이 좋아서
붉게 물든 장미보다 길가에 심어져
다른 사람을 웃게 해주는 민들레를 좋아하니

이것이 내가 너를 사랑하는 이유라

안개꽃

너에게 안개꽃이 예쁘지 않냐고 물었다
다음 날 넌 소복하게 피어난 안개꽃을 내게 안겨주었다
사랑의 성공이라는 꽃말을 아는 난 웃음이 번진다
그 웃음 뒤엔 너도 꽃말을 알고 주었으면 좋겠다고 하는
바람이 숨겨져 있다

8월의 첫눈

여름의 열기가 온 세상을 달구듯
너의 웃음이 나의 볼에 홍조를 띠게 만들었다

넌 그걸 아는지 모르는지
눈 오는 날 나와 함께 산책을 하고 싶다 했다

그 말을 들은 날부터 내 소원은
한여름 날 첫눈을 맞이하는 것이 되었다

사랑의 순서

내가 좋아하는 수많은 모습을 가지고 있어서
널 사랑하는 게 아니라

널 사랑하기에
그 수많은 모습이 좋아진 거야

내가 사랑하는 건 너라는 사람이지
너의 드러나는 모습이 아니야

그러니 그 모습이 사라진다고 걱정하지 마
그 모습이 없어지면 널 사랑하지 않을 거라 생각하지 마

너에게서 그 모습이 없어지면
난 그 모습이 없는 사람을 사랑할게

사랑해 어쩌면 내 생각보다 훨씬 더

유니콘

전설 속 환상의 형상
영원한 사랑도 다를 것 없지 않은가

이 세상에 존재하지 않는다는 것을 알면서도
그것을 찾아 헤매이는
그런 사람을 난 기다리기로 했다

사랑이 영원하다는 명제의 진위 여부와 상관없이
그것을 믿을 줄 아는 사람이 고팠다

그게 너였다

한도초과

내 마음은 이미 너로 가득한데
너를 사랑한다는 내 고백은 식을 줄 몰라서
마음의 크기를 늘리는 수밖에 없었다

난 오늘도 마음의 크기를 늘리고 있다
어제의 나보다 오늘의 내가 너를 더 사랑해서

우리가 다시 친구가 된 날

Tempus fugit, amor manet.
: 시간은 흘러도 사랑은 남는다

끝난 나를 향한 너의 사랑
끝 난 여전히 너를 사랑
나에게 남아있던 이 감정은
뜨거웠던 우리 사랑의 여운인 건지
은연중에 스며든 너를 향한 마음인 건지

오해

네가 기타 치는 사람을 좋아한다는 이야기를 들었다
난 그 이야기를 듣고 네게 연주를 들려주고 싶어
기타를 잡기 시작했다
네가 손이 투박한 사람을 싫어한다는 이야기를 들었다
난 그제야 손에 굳은살이 박혔다

잔상

봄이 왔다

벚꽃 잎이 머리 위에 놓인지도 모른 채
날 보며 웃던 네가 참 예뻤다

봄이 왔다

흩날리는 벚꽃 밑에 너는 없지만
난 여전히 너가 보인다

그날

우리가 다시 친구가 된 날
난 우리를 잃은 것에 슬퍼해야 할까
널 얻은 것에 기뻐해야 할까

망각

그 시간을 그 온도를 그 장소를
그 웃음을 그 날씨를 그 바람을
지운다
설령 내게 아무것도 남지 않을지라도

1인칭 주인공 시점

너를 만나버렸다
너를 사랑해버렸다
너를 떠나버렸다
나를 지우지 못했다
너와 함께 웃고 있는 날

후회

내가 널 왜 사랑했을까 했던 후회가
내가 널 왜 더 사랑하지 못했을까 하는 후회로
어쩌면 난 우리가 함께했던 그때보다
지금 더 널 간절히 사랑하는지도

사람, 상황 그리고 사랑

사람을 사랑하지만
상황까지 사랑하지 못해 끝내 사람을 포기해야 했던
원했지만 원하지 않았던 바랐지만 바라지 않았던
그 모순적인 이별이 우리에게 다가왔고
우리의 처음이자 마지막 공통점은 그 상황을
사랑하지 못했다는 것이다

미련

초봄에 고이 접어 손에 넣어둔 벚꽃 잎 하나를
늦가을이 되어서도 놓아주지 못하겠습니다

내 손에서 벗어나는 순간 활짝 피어날까 봐

수채화

네가 내 마음에 가득해
조금은 덜어내려 지워가는 순간조차
너를 완벽하게 하는 과정에 불과했다

참 웃기는 일이다
흐릿하게 하려다 내 마음에
더 선명히 각인되어 버렸다

추억

기억은 머릿속을 잠시 다녀가는 손님으로
추억은 마음속을 영원히 누비는 정처 없는 나그네로

자서전

내 책을 읽는 독자들은
너와 내 이야기가 묘사된 부분을 고이 접어주길

그날의 황홀했던 기억을 다시 펼쳐보기 위해

졸업

'나'의 시간에 '너'의 시간을 겹쳐
'우리'의 순간을 만들어냈다

처음엔 우리에 의해
다음엔 우리를 위해
마지막엔 우리를 향해

찰나는 애석하게도 우리를 기다려주지 않았지만
우리가 찰나 속에 머물기로 약속했기에

우리는 여전히 그 순간에 살고 있다

맹인

내 세상은 사랑으로만 이루어져 있습니다
당신이 내 세상에서 떠나갔습니다
난 아무것도 보지 못합니다

자아분열

나에게 지울 수 없는 구멍을 뚫은 사람이
너무나 보고 싶은 그런 날이 있습니다

내가 지금 올라오는 눈물을 참는 것은
오늘이 바로 그 날인 까닭이었습니다

전지적 작가 시점

'나'라는 소설을 집필했다

첫 문장은 '세상을 살아가다 너를 만났다' 였고
마지막 문장은 '난 너를 여전히 사랑한다'였다

내 소설의 마지막 문장은
영원히 과거형으로 바뀌지 못했다

퇴폐적 낭만주의

이 세계에 사랑의 총량이 정해져 있어
너를 향한 나의 사랑을 포기할 때만
나를 향한 너의 사랑이 실재할 수 있다면
당신은 무엇을 낭만이라 하시겠습니까?

어리석은 난 아직도 사랑에

탓

사랑이 영원하다는 믿음이 영원하지 않은 탓인가
사랑이 영원하지 않다는 믿음이 영원한 탓인가

무한과 유한의 열등

우리가 영원한 존재가 아니니
우리가 하는 사랑이 어찌 영원하겠습니까
우리 남들이 무한보다 열등하다던 유한한 사랑을 합시다
딱, 우리가 이 세상에 존재하지 않을 때까지만
그럼 그걸 본 다른 사람들은 우리의 사랑이
영원하다 일컬을 테니

나비효과

어쩌면 나의 무기력한 낙망은
너와 함께 하기로 마음먹은 날부터
돌이킬 수 없는 운명으로 결부된 것일지도 모르겠다

펜데믹 : 사랑

전염병이 돌고 있답니다
인간의 기술로 막을 수 없는 정서적 전염병이
어쩌면 이미 우리 몸에 퍼져있을지도 모르겠습니다

증상은 울분, 허망, 공허, 좌절, 우울이랍니다
네? 이 전염병 이름이 뭐냐구요?

'사랑' 이랍니다

검은 도화지

무엇으로도 채워지지 않던 내가
너의 순백으로 물들어가는 것을 보니
난 오직 너로만 가득 차기 위해 살아왔나 보다

정

나뭇가지에 달려 버티고 있던 나뭇잎을 사랑했다
얼마 못 가 나뭇잎은 힘을 다한 건지 땅으로 곤두박질쳤다
그 후로도 난 내가 사랑했던 나뭇잎들이
이제는 내 곁을 떠나지 않겠지 믿었던 나뭇잎들이
낙엽이 되는 것을 보며
다시는 나뭇잎을 사랑하지 않으리라 다짐했다
그리고 그 다짐을 지키기 위해 나무를 바라보았을 때
난 마지막 나뭇잎 하나까지도 사랑했다는 것을 깨달았다

세잎 클로버

가끔 찾아오는 행운보다
네 삶 속에 잔잔히 녹아있는 행복이 되고 싶었다
행운은 행복 사이에서 피어나는 것이기에

바닷물

현실의 목마름을 달래기 위해
사랑이라는 바닷물을 하염없이 들이켰다
끊임없는 갈증으로 이어질 것을 알면서도
어리석은 난 아직 사랑에 매달린다

불량식품 : 사랑

가까이하면 안 된다는 걸 알면서도
금세 사라질 중독적인 달콤함에 취하기 위해

애증

널 미워해야 내가 다치지 않는다는 것을 알면서도
나의 마음은 너를 사랑하고 싶어 한다
아니, 사랑하고 있다
언제나 그랬듯이 이성은 감정에 패배한다
그리고 어김없이 후회한다

망상

사람은 참 연약하다
또다시 믿고 싶어졌다
사랑이라는 이름의 존재하지 않을 영원을

딜레마

혼자 남아 그 사람을 영원히 사랑하시겠습니까
아니면
그 사람과 함께 영원하지 않은 사랑을 하시겠습니까

딜레마 #2

난 감정이 밉다
너와의 추억을 계속 상기하게 해서

난 이성(理性)이 밉다
너와의 추억을 상기하지 못하게 해서

개나리

절벽 끝에 있는 개나리를 사랑한 나의 잘못인가
다가가면 안 된다는 것을 알면서도
개나리의 청초함과 푸르름은 나를 매혹시키니
어찌 이것을 사랑하지 않을 수 있으랴
물러나야 한다는 것을 알면서도 물러서지 못하니
나는 사랑조차 하지 말아야 하는 것이었나
나는 사랑할 자격조차 되지 않았던 것이었나

충치

예로부터 달콤한 것은 우리 몸에 해롭다고 했던가
하지만 나는 그것을 놓지 못했다

해롭다는 것을 알면서도 달콤한 사랑에 취해
내 마음이 썩어가는 것을 바라보며
이제는 사랑이 달콤하다는 것을 알 수 없을 때까지

허상

관계를 놓아야 한다는 것을 직감하는 순간이 온다
그리고 그 순간은 항상
내가 가장 사랑하는 사람과의 관계에서 찾아온다

그렇기에 더 이상 너를 사랑하지 않으려 안간힘을 썼다

모든 것을 다 해본 사람은 안다
그 사람을 보는 순간
모든 노력이 무너진다는 것을

당신의 오늘 밤은
안녕하셨습니까?

청춘

아무런 가치가 없는 것에는
아무런 상처가 없다

길가에 널리고 널린 돌보다
다이아 원석이 더 많이 부서지는 것처럼
우리는 세상을 살아가는 동안
수많은 고통과 상처를 받았고
받고 있고 또 받을 것이다

하지만 어찌하겠는가
이것이 우리의 찬란한 청춘 그 자체인 것을
우리는 부서질수록 아름다워지는 존재인 것을

의미

이 세상 모든 것 날 때부터
쓰임이 정해져 있는 것이 아니니
우리라고 있으랴

의미는 찾아가는 것이 아닌 만들어가는 것이니
당신 존재의 의미는 무엇인가

민들레

세상의 바람에 흔들리는 가녀린 줄기
바람을 온전히 막아내는 것이 아닌
자신을 거쳐 흘려보내는 저 줄기의 노련함이
샛노란 꽃에 강인함을 묻어나게 하는가

헛된 기대

어릴 때 했던 나에 대한 기대가
나는 행복만 할 것이라는 기대가
이제는 그것이 사실이 될 수 없다는 걸 알아버린
바람을 손으로 잡으려 했던 그 실없는 헛된 기대가
또다시 부서져 흩어져 버릴 희망에 날 내던진다
이제는 부질없다는 걸 알면서도

가족사진

어릴 때 찍었던 그 단란한 가족사진이
내 머릿속을 유영해서
얼마 뒤 가족사진을 찍으러 사진관에 갔다
사진에는 나밖에 없었다

눈시울은 붉어졌지만 마음은 너무나 차가워진
나밖에…

새벽

내가 나를 가장 괴롭히는 자괴의 시간
그것을 홀로 버텨내야 하는 인고의 시간
모든 것이 무료한 허망한 순간
담담하게 살아가려 했던 다짐이
모든 것이 무뎌져버린 덤덤함으로 바뀌는 순간

자괴

세상에서 가장 잔인하고도 잔혹한 전쟁은
언제나 나의 마음에서 일어났다

미움 받을 용기

모든 이들에게 좋은 사람이 될 수 없다는 것을 알면서도
마음이 그것을 인정하지 못해 괴로운 날들이 있습니다
더 이상 상처받지 않기 위해
나도 모든 이들을 사랑하지 않아야겠다고 다짐했지만
오늘도 그들을 걱정하며 보낸 하루였습니다

관계

세워도 어김없이 무너지는 도미노는
무너져도 어김없이 일어나는 오뚝이가 아니었다

관계 #2

수많은 이들이 떠나고서야 알았습니다

만남의 연속이 아닌 이별의 연습인 것을

채움의 과정이 아닌 버려짐의 결과인 것을

가면

나조차도 나를 인정하지 못하여
어떤 내가 진짜 나인지 알지 못한다
나는 누구인가? 나는 누구였는가?
아니, 나는 누구이고 싶었는가?

영원

어쩌면 존재조차 하지 않는 그 추상적 산물을
어딘가엔 반드시 실재한다는
우리의 바람과 신념으로 동경하고 있는지도 모르겠다

가로등의 고백

내가 나의 존재를 부정할 때
내가 왜 살아가는지 모를 때
내가 너무 보잘것없어 보일 때

내가 가로등이 되길 원하네
내가 지금 아무리 쓸모없는 것 같이 보여도
주변은 밝은데 나만 어두워도
인내의 시간이 고되더라도

빛을 내지 못하는 밤이 되고
그 밝던 주변이 어두워질 때
그제야 자신의 빛을 발하는 가로등

내가 지금 빛을 내지 않은 까닭은
빛을 내기 못해서가 아니라
낮보다 밤에 가로등이 더 빛나듯이
지금 나의 빛을 더 밝게 하기 위해
인내함이라

지구 온난화

지구의 열은 총량이 정해져 있나 보다
마음이 식어가니 세상이 뜨거워진다

저마다의 사정을 가지고

세상은 붉은 피를 각혈하고
마음에는 파란 멍이 들어간다

그렇다 우리와 지구는 반비례했다

그렇기에 우리는 세상을 살아가며
세상을 죽여가고 있다

외로움

내 옆에 있던 수많은 이들은 어디로 갔는지
그들과의 추억만이 내 손을 잡고 걸음을 재촉한다

불면증

나를 옭아매는 모든 것을 벗어던지지 못해
끊임없이 의식과의 전쟁을 하는 사람들

불안과 공포에 모든 생각이 사로잡혀
무의식적으로 도망가고 싶어 하는 사람들

....
당신의 오늘 밤은 안녕하셨습니까?

인간중독

사람에게 마음이 찢기고도
사람에게 달려가 상처가 아물게 해 달라 부탁했다

더 이상 달려갈 사람이 없을 때까지

어른

흘려보낸 눈물의 양이 어른이 되기를 좌우한다면
'난 아직 어린아이입니다'라고

그 누구보다 많이 울어본 어른이 말했다

비극

진실보다 더 진실 같은 거짓들이
우리를 희롱하는 세상 속에서

당신은 아름다운 거짓을 따라가겠습니까?
역겨운 진실을 따라가겠습니까?

양심

양심을 가지고 사는 삶과
양심을 버리는 삶 중 한 가지를 택한다면
무엇을 택하시겠습니까?

바꿔 말해 볼까요

양심에 사로잡혀 죄책감에 괴로워하시겠습니까?
타락으로 양심을 짓밟고 악을 선으로 만드시겠습니까?

우리 안의 선한 마음은
우리의 힘으로는
도저히 얻을 수 없는 것인지도 모르겠습니다

인간실격

자신을 혐오하여 허덕이는 숨소리를
이 세상 풍류로 덮은지는 이미 오래인데

타인을 정죄하는 타락한 거짓말을
이 세상 유흥으로 만든 것이라고 다르겠는가

그렇기에 아름다운 것

달의 뒷면

무엇이 유영하고 있을지 아무도 모르기에
우리들의 바람만으로
온전히 아름다워지는 것 아니겠는가

소원

'언제로 돌아가고 싶은가?' 하는 물음에 대한 답이
오늘이 되기를, 지금 이 순간이 되기를

삶

내가 낼 수 있는 소리들을 모아 하나로 엮어
노래를 만들었다
제법 근사했다
'삶'이라 이름 붙였다

시간

영원을 온전히 이뤄내기 위해
순간을 완전히 놓치고 있지는 않으십니까

순간의 여전함이 영원을 이루는 것임을
알지 못한 채

꿈

누구보다 멋지게 살 줄 알았던 어릴 적 나에게
그 기대와 이상은 헛된 것임을 알게 하고 싶지 않다면
걸어라 너의 걸음을, 걸어라 너의 모든 것을
꿈은 꾸는 것에서 그치는 것이 아닌
이루기 위해 존재하는 것이기에

그림자

누구에게나 그림자는 있다
네가 생각하는 이상적인 삶을 사는 그 사람들까지도

그림자는 아름다움에 반비례하여 생기는 것이 아니다
아름답다고 그림자가 생기지 않는 것도 아니고
아름답지 않다고 그림자가 생기는 것도 아니다

너의 어두운 부분을 외면하지 말라

우리의 그림자가 커진다는 건
빛을 향해 더 가까이 가고 있다는 것을 의미하기에

선택

우리의 삶은 크고 작은 선택이라는 장벽에 직면한다
그리고 우리는 변함없이 최선의 선택이
무엇인가에 대해 고뇌하며 고민한다

선택이란 후회를 줄여나가는 연습이다
어떤 선택을 하든지 그 선택으로 인해
선택하지 못하는 다른 선택지를
우리는 이미 선택을 하고 난 뒤에도 끊임없이 후회한다

하지만

이것은 내가 선택한 것에 대한 후회만 늘릴 뿐이다

끊임없이 변화하는 상황 속에서도
넌 그저 네가 원하는 선택을 하면 된다
넌 그저 네가 원하는 길을 가면 된다
이 길을 택하든지 저 길을 택하든지 결과는
아무도 모르지 않는가

그럼 그저 너의 길을 가라

그리고 증명해라 다른 선택지는 필요 없었다는 것을
후회 따위 하지 않는 네 모습을
그 길이 최고의 길이었다는 것을
네 선택이 틀리지 않았음을

우리가 해야 할 것은
선택의 후회가 아닌 후회 없음의 증명이다

홀씨

어디 있었는지 몰랐던
어쩌면 나의 발밑에 있었을지도 모르는 민들레에서
때가 되면 자유롭게 춤을 추며 비행하는 홀씨들이여

가장 연약한 것이라고 생각했던 그대에게서
어디에 착륙하던지 악착같이 살아가는
그대의 강인함은 어디로부터 온 것인가

위로

오늘은 나아가지 못했습니까
오늘은 버텨내지 못했습니까
오늘은 주저앉아 버렸습니까
오늘은 참아내지 못했습니까

그저, 괜찮습니다
그런 오늘을 살아내기 위해
더 노력했다는 것을 알기에

그리움

겨울 눈 결정이 화려하다고 하여
가을 코스모스의 단아함을 잊고
여름 열기에 매료되었다고 하여
봄에 피어나는 싱그러움을 잊겠는가

청춘찬가

귀뚜라미 우는 어느 신선한 새벽
마루에 먹다 남은 요깃거리를 올려둔 채
조금도 때 묻지 않은 소리로
조금은 때 묻은 세상을 노래한다

이 계절에 우리가 완전히 녹아들 때까지

행복했는가? 그럼 되었다

살아가며 겪는 모든 일 중 돌아갈 수 없는 순간이
가장 아름다웠기에 모든 순간이 아름다웠다

우리와 함께 흘러가던 시냇물에 반사된 빛보다
우리의 눈이 더 반짝이던 순간이 존재하지 않았는가

그 순간 우리는 웃고 있었는가?
그 순간을 생각하는 지금 우리는 웃고 있는가?

그럼 되었다 언제든 꺼내볼 수 있는
낡지만 빛나는 추억 하나가 마음에 담겼다

대명사

언제부턴가

청춘의 대명사는 낭만이 되었고
낭만의 대명사는 청춘이 되었다

그리고 그 둘을 동시에 표현하기에
'그때의 우리다움'이면 충분했다

사람

사람이란 무엇인가
한없이 연약하면서도 더없이 위대한 것인가

존재 자체부터 모순적인 것이었나
그렇기에 완연히 정의하지 못하는 것이었나

모르겠다
그렇기에 아름다운 것 아니겠는가

부드러움이 강함을 이긴다

우리,
살아가며 우리를 흔드는 모든 것에
마음껏 흔들리며 살아가자

거센 바람에
견고하던 나무는 부러지지만
흔들리는 갈대는 춤을 춤과 같이

우리,
우리게 닥친 모든 것들에
마음껏 흔들리며 살아가자

흔들린다는 것은 그 자체로
부러지지 않았다는 반증이기에

활공

이리도 힘없게 땅에 내려앉을 것이었다면
애초에 떠오르지도 않았을 것이기에

저 하늘이 나를 안아주고 있지 않은가
저 하늘을 누비고 싶지 않은가

비상하라
꿈으로 무장한 채

민들레 정거장

세상을 헤쳐 나가며

수없이 많은 곳들에 멈춰 섰고
더없이 많은 곳들을 지나쳤다

회상만 하여도 웃음이 나오는 곳이 아닌
좌절의 구렁텅이에 빠져있던 그곳에

노란 민들레 하나를 심어두었다

그 사망의 골짜기에서조차
지나가다 발걸음을 거두고
샛노란 민들레를 응원하게 하기 위하여

지금의 내가 있게 해준
내 모든 삶의 순간들을 사랑하기 위하여

이름하여 민들레 정거장이었다

민들레 정거장

초판 1쇄   2025년 5월 30일

지 은 이	김하준
발 행 인	김수홍
편 집	김설향
디 자 인	사라박, 정은서
펴 낸 곳	도서출판 하영인
등 록	제504-2023-000008호
주 소	경상북도 포항시 북구 대신로 33 6층 601호(대신동)
전 화	054) 270-1018
블 로 그	https://blog.naver.com/navhayoungin
이 메 일	hayoungin814@gmail.com
인스타그램	https://www.instagram.com/hayoungin7

ISBN 979-11-92254-22-7(03800)

값 12,000원

※ 낙장·파본은 교환해 드립니다.

도서출판 하영인은 (주)투웰브마운틴즈 산하 출판 브랜드입니다.
저작권법에 의해 보호받는 저작물이므로 무단 전재 및 복제를 금합니다.